BEI GRIN MACHT SICH IHR WISSEN BEZAHLT

- Wir veröffentlichen Ihre Hausarbeit, Bachelor- und Masterarbeit

- Ihr eigenes eBook und Buch - weltweit in allen wichtigen Shops

- Verdienen Sie an jedem Verkauf

Jetzt bei www.GRIN.com hochladen und kostenlos publizieren

Bibliografische Information der Deutschen Nationalbibliothek:

Die Deutsche Bibliothek verzeichnet diese Publikation in der Deutschen Nationalbibliografie; detaillierte bibliografische Daten sind im Internet über http://dnb.d-nb.de/ abrufbar.

Dieses Werk sowie alle darin enthaltenen einzelnen Beiträge und Abbildungen sind urheberrechtlich geschützt. Jede Verwertung, die nicht ausdrücklich vom Urheberrechtsschutz zugelassen ist, bedarf der vorherigen Zustimmung des Verlages. Das gilt insbesondere für Vervielfältigungen, Bearbeitungen, Übersetzungen, Mikroverfilmungen, Auswertungen durch Datenbanken und für die Einspeicherung und Verarbeitung in elektronische Systeme. Alle Rechte, auch die des auszugsweisen Nachdrucks, der fotomechanischen Wiedergabe (einschließlich Mikrokopie) sowie der Auswertung durch Datenbanken oder ähnliche Einrichtungen, vorbehalten.

Impressum:

Copyright © 2015 GRIN Verlag
Druck und Bindung: Books on Demand GmbH, Norderstedt Germany
ISBN: 9783668663084

Dieses Buch bei GRIN:

https://www.grin.com/document/414545

Katharina Rapp

Auswirkungen und Folgen des Liebesbekenntnis des Prinzen. Eine Untersuchung Gotthold Ephraim Lessings "Emilia Galotti"

GRIN Verlag

GRIN - Your knowledge has value

Der GRIN Verlag publiziert seit 1998 wissenschaftliche Arbeiten von Studenten, Hochschullehrern und anderen Akademikern als eBook und gedrucktes Buch. Die Verlagswebsite www.grin.com ist die ideale Plattform zur Veröffentlichung von Hausarbeiten, Abschlussarbeiten, wissenschaftlichen Aufsätzen, Dissertationen und Fachbüchern.

Besuchen Sie uns im Internet:

http://www.grin.com/

http://www.facebook.com/grincom

http://www.twitter.com/grin_com

Auswirkungen und Folgen des Liebesbekenntnisses des Prinzen und das Wissen um die bevorstehende Heirat Emilias für die Amtsführung der Prinzen, für Emilias und auf die Beziehung des Prinzen zu seinem Kammerherren

Textgrundlage: 1. Akt

3/1

4. Akt

Das bürgerliche Trauerspiel „Emilia Galotti" wurde von Gotthold Ephraim Lessing verfasst und erschien 1772 gegen Ende der Aufklärung. In ihm wird vor allem der offene Konflikt zwischen dem Adel und dem Bürgertum zur Zeit des Absolutismus hervorgehoben.

In diesem Aufsatz möchte ich erörtern, inwieweit das Liebesbekenntnis des Prinzen sich auf seine Amtshandlungen auswirkt und welche Folgen es für Emilias hat, sowie auf die Beziehung zwischen dem Prinzen und seinem Kammerherren Marinelli.

Das Stück beginnt an einem Morgen im Arbeitszimmer des Prinzen Hettore von Gonzaga, Prinz von Guastalla. Sein Arbeitstisch ist „voller Bittschriften und Papier" Offensichtlich vernachlässigt frt Prinz seine Aufhaben. Ebenso ist die Art, mit der er Entscheidungen trifft für den Leser befremdlich. Im ersten Auftritt des ersten Aufzugs wird deutlich, wie sehr die Liebe (oder mehr Begierde) zu Emilia Galotti, einem bürgerlichen Mädchen, seine Staatsgeschäfte beeinflussen. Er sieht die Bittschriften durch, wählt jedoch nicht die Wichtigste oder am besten begründete aus, sondern die, deren Absende Emilia heißt. Ebenso, wie seine Angebetete. Vgl. S. 7, Z. 9: „Emilia? (Indem er noch eine von den Bittschriften aufschlägt und nach dem unterschriebenen Namen sieht.) Eine Emilia? – Aber eine Emilia Bruneschi – nicht Galotti. Nicht Emilia Galotti!". Er erkennt, dass Sie in der Bittschrift viel fordert, unterschreibt diese aber troitzdem, weil ihr Name Emilia ist. Vgl. S. 7, Z. 14: „Viel gefordert, sehr viel. – Doch sie heißt Emilia. Gewährt!". Man kann feststellen, dass Prinz Hettore in seinen Entscheidungen sehr von seinen Gefühlen gelenkt ist und sehr verantwortungslos mit den Klageschriften umgeht. Er trifft sehr willkürliche Entscheidungen und ist unfähig klare und solide Maßnahmen zu vollziehen. Als er sich im achten Auftritt des ersten Akts bezüglich der Bittschrift unsicher wird, überträgt er die Verantwortung seinem Ratsmitglied Camillio Rota. Vgl. S. 24 Z. 14f „Noch ist hier eine Bittschrift einer Emilia

Galot.. Bruneschi will ich sagen. – Ich habe meine Bewilligung zwar schon beigeschrieben. Aber doch – die Sache ist keine Kleinigkeit. – Lassen Sie die Ausfertigung noch anstehen. – Oder auch nicht anstehen: wie Sie wollen." Weiterhin lässt sich immer mehr erkennen, dass er seine Staatgeschäft nicht nach bestem Wissen und Gewissen führt, sondern nach Laune. Ihm ist nich bewusst, welchen Ernst er seinen Aufgaben entgegenzubringen hätte. Die wird besonders deutlich, als er ein Todesurteil unterschreiben will, ohne es vorher zu lesen. Auch als sein Ratsmitglied nachhakt, erwidert er. „Ich höre ja wohl. – Es könnte schon geschehen sein. Ich bin eilig." Er nimmt sich nicht einmal die Zeit, sich den Grund durchzulesen, bevor er einen Menschen exekutieren lässt. Viel mehr will Prinz Hettore Emilia während der Messe in der Kirche aufsuchen. Vgl. s. 23 Z.15 F „Es fällt mir ein – um diese Stunde *(nach der Uhr sehend)*, um diese nämliche Stunde pflegt das fromme Mädchen alle Morgen bei den Dominikanern die Messe zu hören. – Wie, wenn ich sie da zu sprechen suchte? – Doch heute, heut an ihrem Hochzeittage – heute werden ihr andere Dinge am Herzen liegen als die Messe. – Indes, wer weiß? – Es ist ein Gang." Im vierten Auftritt des ersten Aufzugs lässt sich weiterhin feststellen, dass er großzügig Geld ausgibt und seine Finanzen nicht im Blick hat. Er bezahlt Conti, seinen Maler, für zwei Gemälde (eines von der Gräfin Orsina und eines von Emilia) so viel er möchte. Vgl. S. 15 Z. 5 „Schicken Sie, Conti, zu meinem Schatzmeister, und lassen Sie, auf Ihre Quittung, für beide Porträts sich bezahlen – was Sie wollen. Soviel Sie wollen, Conti." Im weiteren Verlauf der Handlung wird ebenfalls deutlich, wie sehr der Prinz sich von seinen Gefühlen für Emilia beeinflussen lässt. Nicht nur, dass er wie im vorangegangen Text erörtert, seine Staatsgeschäfte nicht mit bestem Gewissen durchführt, sondern eher den Eindruck erweckt, nicht ganz bei der Sache zu sein. Er ist während solch wichtiger Aufgaben gedanklich nur auf Emilia fixiert. Bei seinen Entscheidungen missbraucht er auch seine Macht. Er will nur eines – Emilia Galotti! Als Prinz Hettore durch seinem Kammerherrer Marinelli von der am selbigen Tag bevorstehenden Hochzeit Emilias mit dem Graf Appiani erfährt, kann und will er dies nicht glauben. Vgl. S. 20 z. 1 „Emilia Galotti? – Nimmermehr!" Vgl. S. 20 z. 1 "Nein, sag ich; das ist nicht, das kann nicht sein. – Sie irren sich in dem Namen. – Das Geschlecht der Galotti ist groß. – Eine Galotti kann es sein: aber nicht Emilia Galotti, nicht Emilia!". Weiterhin wird klar dass er sich in dieser Situation verliert und keinen klaren Gedanken mehr fassen kann, als er sagt „So bin ich verloren! – So will ich nicht leben!" (Vgl. S. 20 Z. 14). Dem eben erwähnten Machtmissbrauch erkennt man, in dem der Prinz seinen Kammerherren Marinelli freie Hand gewährt, um die bevorstehende Hochzeit zu verhindern. Dies hat er aus Eigennutz, nur weil er, Prinz Hettore, Emilias für sich will, getan. Vgl. S. 22 Z. 17 „Wollen Sie mir freie Hand lassen, Prinz? Wollen Sie alles genehmigen, was ich tue?" – "Alles, Marinelli, alles, was diesen Streich abwenden kann." Prinz Hettore spricht davon, Emilia zu lieben Vgl. S. 20 Z. 17 „Nun ja Ich liebe Sie; Ich bete Sie an." Durch diese, wie er es nennt „Liebe", hat er auch kein Interesse mehr an der Gräfin Orsina, seiner Geliebten. Auch dass der Prinz in nahe Zukunft eine Vermählung mit der Prinzessin von Massa eingeht, lässt ihn nicht von seinem Plan zurückschrecken, die Hochzeit zwischen Emilia Galotti und der Grafen Appiani verhindern zu wollen. Einzig und allein damit er Emilias Liebe bekommen kann.

Dass dieses Verlangen des Prinzen, Emilias Liebe zu erhalten, schwere Folgen auf Emilias Leben hat, bedenkt er bei alle dem nicht. Seine Handlung ist ein reines, egoistisches Ausspielen seiner Macht. Er zerstört dadurch Emilias Glück und Leben – spricht gleichzeitig aber von Liebe ihre gegenüber. Liebe bedeutet jedoch, dass einem das Glück der geliebten Person wichtiger ist, als das eigene.

Im Folgenden möchte ich mich den Auswirkungen und Folgen für Emilia widmen, die diese Liebe des Prinzen und das Wissen um die bevorstehende Hochzeit Emilias mit dem Grafen einher bringen. Textgrundlage ist nach Vorgabe der erste Auftritt des dritten Aufzugs sowie der vierte Aufzug. Im ersten Auftritt des dritten Aufzugs unterhalten sich Prinz Hettore und Marinelli im Vorsaal auf dem Lustschloss des Prinzen. Marinelli hatte zu vor, im zehten Auftritt des zweiten Aufzugs, Graf Appiani aufgesucht, um ihn direkt zum Prinzen zu bringen und von dort als Gesandten nach Massa zu schicken. Damit würde die gräfische Hochzeit verschoben werden. Appiani lehnt jedoch ab, wodurch die Hochzeit stattfindet. Während Marinelli dem Prinzen vom Scheitern seines Plans berichtet, wird im ersten Auftritt des dritten Aufzugs die Hochzeitskutsche überfallen. Marinelli hat ohne Zutun und Wissen der Prinzen den Befehl zum Überfall gegeben. Dies ist einer der ersten und dramatischsten Folgen für das junge Mädchen Emilia. Auf Grund der Liebe des Prinzen, der seinem Kammerdiener freie Hand lies, um die Hochzeit zu verhindern, wird die Kutsche, Braut und Bräutigam angegriffen. Als erste Auswirkung für Emilia und Ihr Leben ist dadurch die Verhinderung der Hochzeit mit Graf Appiani nennbar. Weiterhin ist jedoch ebenfalls zu erwähnen, dass Marinelli nicht nur den Überfall an sich, sondern auch den Tod des Grafen geplant hat. Dass dieser gelungen ist, erfährt man im zweiten Auftritt des dritten Aufzugs, als Marinelli sich mit Angelo, einem Auftragsmörder, den er für die Tat angeheuert hat, unterhält und bezahlt. Vgl. S. 52 Z. 9 f „Dafür faßt' ich auch wieder den Grafen! – Er stürzte; und wenn er noch lebendig zurück in die Kutsche kam, so steh ich dafür, daß er nicht lebendig wieder herauskommt." Dass Marinelli den Tot des Grafen beabsichtigt, wird besonders an folgender Textstelle deutlich Vgl. S. 51 Z. 21: „

Ha, Herr Graf, der Sie nicht nach Massa wollten, und nun noch einen weiten Weg müssen!" ebenso wie auch S. 53 Z. 24 f „Einen zweiten Schuß wäre er ja wohl noch wert gewesen. – Und wie er sich vielleicht nun martern muß, der arme Graf! – Pfui, Angelo! Das heißt sein Handwerk sehr grausam treiben – und verpfuschen. – Aber davon muß der Prinz noch nichts wissen. Er muß erst selbst finden, wie zuträglich ihm dieser Tod ist. – Dieser Tod! – Was gäb' ich um die Gewißheit!" Für Emilia Galotti bedeutet dies nun nicht nur dass die Hochzeit an diesem Tag stattfindet, sondern, dass sie niemals stattfinden wird. Der Graft ist Tot. Alles, was sich Mutter und Vatter für Emilia gewünscht hatten (und sie sich selbst) wird nun nicht eintreffen. Emilias Leben wäre nach der Vermählung mit dem Grafen nicht am Hofe Guastallas vollbracht worden, sondern sie wäre mit dem Grafen Appiani zu den Thälern von Piemont, auf das Landgut seiner Familie gezogen, um dort ein ruhiges Leben, fernab von der höfischen Belastung zu führen. Vgl. (sechster Auftritt, erster Aufzug) S. 18 Z 26 : „ Er will mit seiner Gebieterin nach seinen Tälern von Piemont – Gemsen zu jagen, auf den Alpen, und Murmeltiere abzurichten". Als weitere Folge des Überfalls und somit der Liebe des Prinzen wird Emilia nach dem Angriff auf die Hochzeitskutsche in das Lustschloss des Prinzen gebracht. Vgl. S. 56 Z. 7 :" *(stutzend).* Wie? Sie hier, mein Herr? – Ich bin also wohl bei Ihnen? – Verzeihen Sie, Herr Kammerherr. Wir sind von Räubern ohnfern überfallen worden. Da kamen uns gute Leute zu Hilfe – und dieser ehrliche Mann hob mich aus dem Wagen und brachte mich hierher." Im weiteren Verlauf des bürgerlichen Trauerspiels versucht der Prinz Emilia als seine Mätresse zu gewinnen. Im fünften Auftritt des dritten Aufzugs kommt der Prinz zu dem vorangegangen Gespräch zwischen Marinelli und Emilia hinzu. Emilia fragt nach dem Wohlbefinden ihrer Mutter und des Grafen, wird jedoch nur vertröstet. Stattdessen versucht der prinz die hilflose von Emilia, die sehr besorgt ist, auszunutzen und sie mit in ein Zimmer zu nehmen (damit er mit ihr allein sein kann). Vgl. S. 58 Z. 3 f: „Nicht doch, bestes Fräulein. – Geben Sie mir Ihren Arm und folgen Sie mir getrost." Und S. 59 Z. 4 f: „Nur zweifeln Sie keinen Augenblick an der unumschränktesten Gewalt, die Sie über mich haben. Nur falle Ihnen nie bei, daß Sie eines andern Schutzes gegen mich bedürfen. – Und nun kommen Sie, mein Fräulein – kommen Sie, wo Entzückungen auf Sie warten, die Sie mehr billigen. *(Er führt sie, nicht ohne Sträuben, ab.)*" Als weitere Folge wäre aufzuführen, dass Gräfin Orsina im siebten Auftritt des vierten Aufzugs gegenüber Odoardo, dem Vater Emilias, ihre Gedanken äußert, dass dies ein Meuchelchmord gewesen sei. Dies ist ein wichtiger Punkt im weiteren Handlungsverlauf, da Odoardo im Zug dessen einen Dolche erhält. Vgl. S. 84 Z. 4 f :" Nun da, buchstabieren Sie es zusammen! – Des Morgens sprach der Prinz Ihre Tochter in der Messe, des Nachmittags hat er sie auf seinem Lust- – Lustschlosse."

Orsina, deren Kundschafter das Gespräch zwischen Emilia und dem Prinzen in „Vertraulichkeit" und „innbrunst" (S. 84 Z. 9) beobachten und belauschen, macht Odoardo die Andeutung dass Emilia und der Prinz das die Tat gemeinsam abgesprochen hätten. Vgl. S. 84 Z. 11 f: „Sie hatten nichts Kleines abzureden. Und recht gut, wenn es abgeredet worden, recht gut, wenn Ihre Tochter freiwillig sich hierher gerettet! Sehen Sie: so ist es doch keine gewaltsame Entführung, sondern bloß ein kleiner – kleiner Meuchelmord." Orsina hat auch Gift und Dolch dabei, den Dolch zwingt sie Odoardo auf und beträngt ihn, Rache zu nehmen. Durch Ordoardos Wut Vgl. S. 84 Z. 17f : *Blickt wild um sich und stampft und schäumet.* Wird es für Orsina leichter, ihm die Rache zu übertragen und diese nicht selbst durchführen zu müssen. Im zweiten Auftritt des fünften Aufzugs entschließt Odoardo sich jedoch dazu, nicht der „Rache des Lasters" (Vgl. S. 89 Z. 28) zu dienen, sondern die Tugend (Emilias) zu retten. Dies bedeutet jedoch den Tot Emilias, denn nur dann kann Odoardo seinen Vorsatz erfüllen. : „Genug für mich, wenn dein (Appianis) Mörder die Frucht seines Verbrechens nicht genießt." (S. 90, Z. 4) Obwohl sich Odoardo im fünften und sechsten Auftritt des fünften Aufzugs letztlich dazu entschlossen hat, Emilia ins Hause der Grimaldis zu schicken und nicht zu töten, kommt es im siebten Auftritt schlussendlich doch dazu. Emilia zweifelt, als Ihr Vater ihr von der Festlegung erzählt, denn das Haus der Grimaldis ist das „Haus der Freude" (Vgl. S. 102 Z. 3). Sie möchte dort nicht hin. Odoardo erzählt ihr, dass er bereits so wütend war, dass er den Prinzen und Marinelli umbringen wollte, doch davon abließ. Vgl. S. 101 Z. 13 „ich war so wütend, dass ich schon manch dem Dolche griff um einen von beiden – Beiden! - das Herz zu durchstoßen. Emilia sieht den Dolch und will ihn selbst haben, um sich das Leben zu nehmen. Vgl. S 102 Z. 13 „Geben Sie mir, mein Vater, geben Sie mir diesen Dolch." Odoardo gibt ihr den Dolch, nimmt ihn ihr aber rasch wieder aus der Hand, als sie sich damit durchstoßen will. Als Emilia ihn bittet, dass ihr Vater sie von ihrer Schande errettet, tötet er sie und ersticht seine Tochter. „Oh, mein Vater, wenn ich Sie erriete! – Doch nein, das wollen Sie auch nicht. Warum zauderten Sie sonst? – *(In einem bittern Tone, während daß sie die Rose zerpflückt.)* Ehedem wohl gab es einen Vater, der seine Tochter von der Schande zu retten, ihr den ersten, den besten Stahl in das Herz senkte – ihr zum zweiten Male das Leben gab. Aber alle solche Taten sind von ehedem! Solcher Väter gibt es keinen mehr!"

Letztlich ist dies eine, wenn nicht sogar die Folge, für Emilia Galottis Leben: der Tod! Ihr Tod!

Im Folgenden und letzten Teil dieses Aufsatzes möchte ich auf die Auswirkungen auf die Beziehung zwischen Prinz und seinem Kammerherren Marinelli eingehen. Textgrundlage stellt der erste Aufzug dar.

Marinelli ist Kammerherr des Prinzen. Kammerherr ist ein Amt, dass bei Hofe ausgeübt wird. Er ist der persönliche Diener, der seinem Herren zur Hand geht. Bereits bei Marinellis erster Wortmeldung im sechsten Auftritt des ersten Aufzuges wird das Verhältnis zwischen ihm und dem Prinzen deutlich. Vgl. S. 16 Z. 1 „Gnädiger Herr", damit ist bestätigt, dass der Prinz ihm auf Grund seiner gesellschaftlichen Stellung überlegen ist. Ebenso verdeutlicht wird dies durch mehrere Unterbrechungen des Prinzen, welches Zeichen von Respektlosigkeit und Unhöflichkeit sind. Vgl. S. 16 z 18 und s. 22, z. 2. Marinelli scheint die Gunst des Prinzen sehr wichtig zu sein, dies lässt sich durch folgende Aussage belegen: „Oh! vermengen Sie mich ja nicht, mein Prinz, mit der Närrin, deren Wort ich führe – aus Mitleid führe." (S. 17 Z. 11 f). Damit bittet er den Prinzen ihn nicht zu den Menschen zu zählen, denen er negativ gegenübersteht. Bis zu diesem Zeitpunkt dreht sich der Gegenstand des Gesprächs um die beendete Affäre mit der Gräfin orsina. Der entscheidende Wendepunk ist die Frage nach der neuen Frau des Grafen Appiani. Die Führung des Dialogs kippt, als der Prinz den Namen erfragt und Marinelli die Antwort daz7u liefern kann,. Marinelli ist somit in Beitz einer Information, die der Prinz gern haben möchte, er verzögert aber die Antwort. Vgl. S. 18 Z. 4 „und mit wem denn? – Ich soll ja noch hören, daß er versprochen ist." – „ Ein Mädchen ohne Vermögen und ohne Rang hat ihn in ihre Schlinge zu ziehen gewußt Und vgl. S. 19 Z. 3: „Aber so nennen Sie mir sie doch, der er dieses so große Opfer bringt." Z 5: „Es ist eine gewisse Emilia Galotti.". – Während der Prinz die Frage, ob es „diese" Emilia Galotti ist, immer wieder wiederholt, steigt die Spannung der Szene. Auch durch diverse Regieanweisungen wird seine Nervosität verdeutlicht: „Der sich voller Verzweiflung in seinen Stuhl wirft", „Der gegen ihn wieder aufspringt". In diesem Moment wird der Konflikt des bürgerlichen Trauerspiels deutlich. Prinz Hettore ist in das bürgerliche Mädchen Emilia verliebt, die am selbigen Tag dem Grafen Appiani angetraut werden soll. Das Wissen um die bevorstehend Hochzeit lässt den Prinzen nicht mehr klar denken,. Nachdem er davon erfährt, lässt er seine Frustration zunächst an Marinelli aus. Vgl. S. 20 Z. 5 „Henker", Z. 16 „Verräter!" – Anschließend wechselt das Gespräch in eine Art Gleichberechtigung., Besonders zu entnehmen ist dies aus der Regieanweisung, als der Prinz Marinelli verzweifelt in die Arme fällt. Vlg. S. 21 Z. 4 „in dem sich ihm verzweifelt in die Arme wirft" und sich Prinz Hettore bei Marinelli entschuldigt. S. 21 Z. 4 „So verzeihen Sie mir, Marinelli." Im weiteren Handlungsverlauf bittet der Prinz dass Marinelli ihn aus dieser Situation rettet. Vgl.

S. 21 Z. 24 „Retten Sie mich, wenn sie können." Marinelli macht sich dies zu Nutze. Es ist die eigentliche Geburtsstunde der Intrige. Wie Marinelli zu Beginn des Auftritts, begibt sich der Prinz nun auf eine unterwürfige Ebene. Vgl. S. 22 Z. 6 „Liebster, bester Marinelli, denken Sie für mich." – Der Kammerherr intrigiert auf eine Art und Weise, dass er freie Hand erlangt, um die Hochzeitz zu verhindern, während er jedoch den Prinzen für sein Handeln und Tun übernehme lässt. Vgl. S 22 Z. 17. Die Szene endet schließlich mit der Bewilligung dieser Frage und einem Lösungsvorschlags Marinellis, den Grafen als Gesandten nach Massa senden zu wollen und diesen noch heute abreisen zu lassen. Erkennbar ist also, dass der Prinz nach dem Liebesbekenntnis und nach Erlangen des Wissens um die bevorstehende Hochzeit Marinelli freien Handlungsspielraum lässt. Der Prinz ist sozusagen zu blind, um zu handeln und gibt seine Macht aus der Hand, um die Hochzeit nicht stattfinden zu lassen. Er nimmt Marinellis Hilfe in Anspruch und wird dadurch letzten Endes auch Mittäter am Mord des Grafen. Die Beziehung zwischen Prinz und Marinelli bringt aus subjektiver Betrachtung des einzelnen Protagonisten einen Vorteil mit sich. Während der Prinz die Verantwortung für die Verhinderung abstritt und die Liebe Emilias erhofft, erhofft sich Marinelli die Freundschaft des Prinzens. Marinelli selbst hat keine gesicherte Position am Hof, kein gesichertes Amt, wir aber durch Kontakte in die Unterwelt (Verbrecher, die zu Mord und Raub fähig sind) für seinen Herren immer wichtiger. Zudem kann er den Grafen Appiani nicht leiden. So gesehen in der Prinz abhängig von Marinelli, um Emilia für sich zu gewinnen, in dem sein Kammerherr alles veranlasst, um die Hochzeit nicht stattfinden zu lassen. Weiterhin ist anzumerken, dass der Prinz Marinelli nicht ganz vertraut, sondern ebenfalls den Versuch startet um sein Glück in Hand zu nehmen, in dem er Emilia in der Messe aufsucht und ihr ein Liebesgeständnis macht.

Bibliografie:

Emilia Galotti - Reclam XL, Reclam, (23. Juli 2014)

BEI GRIN MACHT SICH IHR WISSEN BEZAHLT

- Wir veröffentlichen Ihre Hausarbeit, Bachelor- und Masterarbeit
- Ihr eigenes eBook und Buch - weltweit in allen wichtigen Shops
- Verdienen Sie an jedem Verkauf

Jetzt bei www.GRIN.com hochladen und kostenlos publizieren